D1391659

Een spin voor juf

Marianne Busser en Ron Schröder
tekeningen van Hugo van Look

roel

Dit is Roel.
En dat is Roos.
Roel is vaak stout.
En Roos ook.
Dat mag niet.
Maar... het is wél leuk.
Let maar op!

Roel en Roos gaan naar school.
Het is al laat.
Maar ze zijn nog niet klaar.
'Jas aan!' roept mam.
'En waar is je tas?
Schiet nou op.'
Roel en Roos doen hun jas aan.
Roel pakt zijn tas.
Roos ook.

Dan gaan ze op weg.
'Dag mam!'
'Dag Roel, dag Roos,' roept mam.
'Lief zijn, hoor!
En kijk goed uit.'
'Ja mam,' roept Roel.
'Goed mam,' roept Roos.

Maar om de hoek staat Roel stil.
Hij pakt iets uit zijn tas.
'Kijk,' zegt hij, 'een spin.
Een spin voor juf.'

'O jee!' roept Roos.
'Dat is niet zo fijn voor juf.'
'Geeft niet,' zegt Roel.
'Het is een nep spin.
Maar dát weet juf niet.
Ik leg hem op de vloer.
Vlak bij de stoel van juf.'
'Ja,' zegt Roos.
'Dat is leuk.
Maar nu gaan we snel naar school.
Kom op, loop door.'

7

Roel en Roos staan op het plein.
'Ik laat de spin zien,' zegt Roel.
'Ik laat de spin aan Kees zien.'
'Kees,' roept Roel, 'kom eens!'
Kees komt er aan.
'Wat is er?'
'Let op,' zegt Roel.
Hij haalt de spin uit zijn tas.
Kees kijkt.
Hij doet snel een stap op zij.
'Ga weg!' gilt Kees.
'Een spin!'

'Ha,' zegt Roel, 'wat dom!
De spin is nep.
Het is een nep spin voor juf.
Ik leg hem in de klas.
Vlak bij haar stoel.'
'Leuk zeg,' zegt Kees.
'Wat een mop.'

Piet komt er bij.
En Joep en Jet.
En Tim en Toos.
En Lot en An en Jan.
'Kijk,' wijst Roos.
'Roel heeft een spin.
Een nep spin voor juf.'

De bel gaat.
Ze gaan naar de klas.
Roel pakt de spin.
Hij legt hem bij de stoel van juf.
'Ssst!' roept Toos.
'Juf komt er aan.'

En ja hoor.
Daar is juf.
'Wat is het hier stil,' zegt ze.
'Is er iets?'
'Nee hoor,' zegt Roos.
'Er is niets.'

'Fijn,' zegt juf.
'We gaan vlug aan het werk.
Er is veel te doen.'
Juf loopt naar haar stoel.
En dan...
Dan ziet ze de spin.
Wat is hij dik en groot.
'Help!' gilt juf.
'Help, een spin!'
Juf gaat snel op de stoel staan.
'Help!' roept ze weer.

Dan komt juf Ans er aan.
'Wat is er aan de hand?' zegt ze.
'Ben je soms ziek?'
'Nee,' zegt juf.
'Er zit een spin in de klas.
Kijk. Daar.'
Juf Ans loopt naar de spin toe.
Roel kijkt naar Roos.
En Roos kijkt naar Roel.
Hoe zou het gaan?

Juf Ans bukt.
Ze kijkt eens goed naar de spin.
'Ha ha,' roept ze dan.
'Die is nep.
Het is een nep spin.
En jij staat op de stoel!'
'Ha ha,' roept de klas.
'Een nep spin.
Wat dom van juf, zeg.'
'Nou,' zegt juf Ans.
'Heel dom.
Kom maar gauw van die stoel af.
Er is niets aan de hand.'

'Oo,' zegt juf.
Ze beeft en ze is rood.
Dan gaat ze vlug van de stoel af.
'Ik ga weer,' zegt juf Ans.
Ze loopt de klas uit.
'Tot ziens!'

Juf kijkt nog eens naar de spin.
Dan kijkt ze de klas rond.
'Van wie is die spin?'
'Van mij,' zegt Roel.
'Het was een grap.'

'Nou,' zegt juf.
'Stop hem maar vlug in je zak.'

Roel pakt de spin.
Hij doet hem in zijn zak.
'Zo,' zegt juf.
'Dat was dat.
En nu aan de slag.'

Het is stil.
De klas is aan het werk.
Na een poos gaat de bel.
'Jas aan,' zegt juf.
'Snel naar het plein.'
'Fijn!' roept de klas.

Op het plein ziet Roos een spin.
'Kijk nou,' zegt ze.
'Daar zit een spin.'
De spin is groot en dik.
Net zo dik als de nep spin.
Toos kijkt eens goed.
'Is die spin ook nep?'
'Nee,' zegt Roos.
'Die spin is niet nep.'
Roos pakt de spin.
Ze doet hem in haar zak.
'Die leg ik zo bij juf neer.'

Na de bel loopt Roos de klas in.
Ze pakt de spin uit haar jas.
Dan legt ze hem op de vloer.
Vlak bij de stoel van juf.
De spin zit heel stil.
'Ha ha,' roept de klas.
'Een spin!'
Maar dit is geen nep spin.
Hoe zal dat gaan?

Juf komt de klas in.
'Zo,' zegt ze.
'Was het fijn op het plein?'
'Ja,' roept de klas.
'Goed,' zegt juf.
'Dan gaan we weer aan het werk.'

En dán ziet juf het: een spin.
'Hee!' zegt juf.
'Een nep spin.
Wat een mop!
Die pak ik.
Dat durf ik best.'
Juf bukt en pakt de spin.
Maar oo...
'Help,' gilt juf, 'help!
Die spin is niet nep.
Wat erg!'
De spin valt op de vloer.
En juf gaat weer op de stoel staan.
'Help,' roept ze heel hard.
'Help me dan!'

Dan rent de spin weg.
Hij rent naar de deur.
Ze zien hem niet meer.
'De spin is weg, hoor,' zegt Roel.
'Hij wil weer naar het plein.'

'Dat is maar goed ook,' rilt juf.
Ze is boos.
'Ik vind dit niet leuk,' zegt ze.
'Wie deed dat?'
Juf ziet heel rood.
En Roos ziet heel wit.
'Ik...,' zegt Roos dan.
'Jij?' roept juf.
'Vind jij dat leuk?'
'Ha ha,' roept de klas.
'Dat ís ook leuk.'
'Nee,' zegt juf boos.
'Dat is *niet* leuk!'

Juf loopt naar het bord.
Ze pakt het krijt.
Dan zet ze op het bord:

Let eens op.
Dit is geen mop.
Juf is boos.
Boos op Roos.
Geef me dus
snel een kus.

Roos is stil.
Heel stil.
Dan gaat ze naar juf.
Juf bukt.
'Nou?' zegt ze.
Roos geeft juf een kus.
'Is het nou weer goed?' zegt Roos.
'Ja,' zegt juf.
'Het is weer goed.
Maar ik wil geen spin meer zien.
Ook geen nep spin!
Snap je dat?'
'Ja,' zegt Roos.
'Ja,' zegt de klas.

Dan pakt juf een boek.
'Leuk!' roept de klas.
'Ja,' zegt juf.
'En het boek heet: *Een muis in huis.*'
'Geeft niks, hoor,' zegt Roos.
'Het is maar een boek.'
'Ja,' zegt juf.
'Dat is wel fijn.'

En wat zit er in?

Spetter 3

Serie 1, na 4 maanden leesonderwijs, sluit aan bij *Veilig leren lezen* kern 7.
Serie 2, na 5 maanden leesonderwijs, sluit aan bij *Veilig leren lezen* kern 8.
Serie 3, na 6 maanden leesonderwijs, sluit aan bij *Veilig leren lezen* kern 9.
Serie 4, na 7 maanden leesonderwijs, sluit aan bij *Veilig leren lezen* kern 10.
Serie 5, na 8 maanden leesonderwijs, sluit aan bij *Veilig leren lezen* kern 11.
Serie 6, na 9 maanden leesonderwijs, sluit aan bij *Veilig leren lezen* kern 12.

In serie 1 zijn verschenen:

Lieneke Dijkzeul: naar zee, naar zee!
Bies van Ede: net niet nat
Vivian den Hollander: die zit!
Rindert Kromhout: een dief in huis
Elle van Lieshout en Erik van Os: dag schat
Koos Meinderts: man lief en heer loos
Anke de Vries: jaap is een aap
Truus van de Waarsenburg: weer te laat?

In serie 2 zijn verschenen:

Marianne Busser en Ron Schröder: Een spin voor juf
Wim Hofman: Aap en Beer gaan op reis
Vivian den Hollander: Een gil uit de tent
Rindert Kromhout: Weer en wind
Ben Kuipers: Lam is weg
Paul van Loon: Pas op voor een pad!
Anke de Vries: Jet met de pet
Jaap de Vries: Een kip voor Toos

In serie 3 zijn verschenen:

Lieneke Dijkzeul: Je bent een koukleum!
Lian de Kat: Stijntje Stoer
Wouter Klootwijk: Lies op de pont
Rindert Kromhout: Feest!
Ben Kuipers: Wat fijn dat hij er is
Paul van Loon: Ik ben net als jij
Hans Tellin: Mauw mag niet mee
Anke de Vries: Juf is een spook

Spetter is er ook voor kinderen van 7 en 8 jaar.

STICHTING NEDERLANDSE
KINDERJURY
2001

avi 1

Boeken met dit vignet zijn op niveaubepaling geregistreerd en gecontroleerd door KPC Onderwijs Adviseurs te 's-Hertogenbosch.

3 4 5 / 04

ISBN 90.276.4485.3 • NUGI **260**/220

Vormgeving: Rob Galema (studio Zwijsen)
Logo Spetter en schutbladen: Joyce van Oorschot

© 2000 Tekst: Marianne Busser en Ron Schröder
Illustraties: Hugo van Look
Uitgeverij Zwijsen Algemeen B.V. Tilburg

Voor België:
Uitgeverij Infoboek N.V. Meerhout
D/2000/1919/99